Moderne chinesische Liebesgedichte

Aus dem Chinesischen übertragen
und mit einer Einführung versehen
von
Andreas Donath

Yü Guang-Dschung

Lotos-Assoziationen

Horst Erdmann Verlag
Tübingen und Basel

Schriftenreihe des Instituts für Auslandsbeziehungen,
Stuttgart
Literarisch-künstlerische Reihe
Band 15

ISBN 3 7711 0134 4

Schutzumschlag: Manfred Salemke
Gedruckt bei Poppe & Neumann, Konstanz/Bodensee
Bindearbeiten: Großbuchbinderei Josef Spinner,
Ottersweier/Baden

Inhalt

Einführung

Die Veröffentlichung dieses Buches ist das Ergebnis einer intensiven Ausschau auf dem chinesischen Büchermarkt nach Gedichtbänden jüngerer Autoren. Dabei wurde augenfällig, daß es als Folge der antiintellektualistischen Kulturpolitik der Volksrepublik kein geistiges Zentrum Chinas mehr gibt, das Mittelpunkt aller kulturellen Strömungen und Entwicklungen sein könnte. Das literarische Leben der Chinesen verteilt sich heute über mehrere Metropolen Ostasiens, wie Peking, Hongkong, Singapur und Taipeh, von denen sich jede durch ihr eigenes Klima, ihre ideologischen und gesellschaftlichen Besonderheiten auszeichnet, aber keine das Ganze der chinesischen Kultur verbindlich zu repräsentieren vermag. Unter den Veröffentlichungen der sechziger Jahre auf diesen Umschlagplätzen der zeitgenössischen chinesischen Literatur fallen die *Lotos-Assoziationen* auf als ein besonders komplexes und vielschichtiges Werk. Es gibt wohl volkstümlichere und engagiertere Publikationen, es gibt noch progressivere und experimentierfreudigere Gedichte, aber kein Buch bietet einen vergleichbaren Reichtum an Einfällen, Anspielungen und Bezügen. Die *Lotos-Assoziationen* stellen Verbindungen her zur chinesischen Klassik und zur englischen Romantik, sie knüpfen an die moderne chinesische Lyrik der zwanziger Jahre an und nehmen Anregungen aus der amerikanischen Literatur der unmittelbaren Gegenwart auf. Westliches verschmilzt mit Östlichem, Traditionelles wird ins Moderne einbezogen, bis die Texte eine die Kulturen vereinigende Universalität erreichen, ohne sich vom chinesischen Ausgangspunkt zu entfernen.

Der Autor dieser Gedichte, *Yü Guang-Dschung*, ist seinem Habitus nach Weltbürger und durch seinen Beruf als Wissenschaftler aktiv in den internationalen Kulturaustausch eingeschaltet. 1928 in der südchinesischen Residenz Nanking geboren, gehört er der gleichen Generation an wie in Deutschland *Günter Grass* und *Hans Magnus Enzensberger*. Seine Schulzeit begleitete der Zweite Weltkrieg. Ein in Nanking begonnenes Studium mußte er abbrechen, als seine Familie gegen Ende des chinesischen Bürgerkrieges nach Taiwan übersiedelte. Dort entschied er sich für das Studium der Anglistik, eines Faches, mit dessen Hilfe er sich aus der Isoliertheit des Insellebens auf Formosa lösen konnte. Er graduierte 1952 in Taipeh zum B. A. und erwarb 1959 an der Universität des amerikanischen Bundesstaates Iowa den Titel des Master of Fine Arts. Zu diesem Zeitpunkt hatte er bereits zwei Bücher mit Gedichten veröffentlicht, eine literarische Gesellschaft gegründet und als Herausgeber eines Literaturmagazins von sich reden gemacht. Nach der Rückkehr von seinem ersten längeren Amerika-Aufenthalt wurde ihm in Taiwan eine Außerordentliche Professur für moderne englische Literatur angetragen, und seither lebt er abwechselnd in den Vereinigten Staaten und auf Formosa. Seinen chinesischen Studenten bringt er die neue amerikanische Literatur nahe; in den Vereinigten Staaten interpretiert er die chinesische Kultur und kritisiert die amerikanische Asien-Politik. Er hält Vorträge im

Fernsehen, schreibt Essays, übersetzt amerikanische Literatur ins Chinesische und übernimmt akademische Ämter und Ehrenämter. Bei all diesen Betätigungen hält er sich immer noch Zeit offen, um ein Gedicht zu notieren. Begegnet ihm etwas, das ihn erstaunt oder ihn bewegt, so reflektiert er seine Gedanken und Empfindungen in Versen. Dieses lyrische Artikulieren bemerkenswerter Begebenheiten entspricht der zweitausendjährigen Tradition der chinesischen Dichtkunst. Das Dichten war in China stets ein hochgeachteter Zeitvertreib erfolgreicher Männer, ein künstlerisches Vergnügen, dessen europäisches Äquivalent vielleicht die Musizierfreudigkeit der Preußen-Könige war. Ein chinesischer Dichter des neunten Jahrhunderts faßte diese Freude an Gedichten in die Worte: »Sehe ich schöne Landschaften, / oder treffe ich Freunde: / Gleich wird mit lauter Stimme / ein Gedicht rezitiert, / und ich fühle mich / wie von Geistern verzaubert« (Aus: *Bo Dschü-I, Gedichte*, Insel-Verlag, 1960). *Yü Guang-Dschung* kennt die klassischen Dichter Chinas, er bringt in seinen Versen Anspielungen auf ihre Gedichte, aber er bedient sich nicht ihrer Sprache, sondern schreibt ein modernes Chinesisch, die leichter verständliche Umgangssprache von heute, die er mit überraschenden Kombinationen und unerwarteten Wendungen sehr flexibel und musikalisch handhabt.

Yü Guang-Dschung hat zwischen 1952 und 1970 mehr als zwanzig Bücher veröffentlicht, darunter neun Bände mit Gedichten. Sein erfolgreichstes Lyrikbuch sind die *Lotos-Assoziationen*, eine Sammlung von 30 Gedichten aus den Jahren 1961 bis 1963. Die

Erstausgabe erschien im Sommer 1964. Seither wurden mindestens sechs Auflagen nachgedruckt. Seine eifrigsten Leser fand *Yü Guang-Dschung* unter College-Studenten und -Studentinnen in Taiwan und Hongkong, die sich mit dem Lebensgefühl seiner Gedichte identifizieren wollen. Aber auch zahlreiche jüngere Dichter haben versucht, sich mit mystifizierenden Versen auf den Stil der *Lotos-Assoziationen* einzustimmen, während *Yü Guang-Dschung* selber inzwischen ganz anders schreibt, nicht mehr so stark ins Innerliche versenkt, sondern als ein kritischer Beobachter der äußeren Welt die allgegenwärtige Not Südostasiens reflektierend, unter Verzicht auf das emotionsdämpfende Schutzfilter eines buddhistischen Erlösungsplans, das in den *Lotos-Assoziationen* noch Bedeutung gehabt hatte.

Yü Guang-Dschung schrieb die *Lotos-Assoziationen* nach der Rückkehr von seinem ersten längeren Amerika-Aufenthalt nach Formosa. Die Heimreise hatte ihn über Europa geführt. In Griechenland hatte er die klassischen Stätten der Antike besichtigt und nach dem Grab *Lord Byrons*, des in Griechenland gestorbenen Dichters der englischen Romantik, Ausschau gehalten. Die Begegnung mit den Denkmälern der abendländischen Kulturgeschichte löste einen Prozeß der Besinnung auf die geistigen Wurzeln Chinas aus, als dessen Ergebnis das Titel-Gedicht der *Lotos-Assoziationen* das Selbstporträt eines asiatischen Intellektuellen geworden ist, der sich nach der Begegnung mit dem Westen seiner asiatischen Ursprünge erinnert und sich zu ihnen bekennt. In diesem Gedicht hat *Yü Guang-Dschung* die Lotosblume als

Schönheitsideal des Fernen Ostens gegen die mythische Figur des Narziß als Symbol des Abendlandes gesetzt. Die Lotosblume erscheint bei *Yü Guang-Dschung* in drei Funktionen. Einmal ganz konkret als Pflanze, die über dem Wasserspiegel von Seen und künstlichen Teichen ihre Blütenpracht entfaltet. Dann läßt in übertragenem Sinn die geöffnete Lotosblüte sich mit dem Gesicht einer schönen Frau vergleichen. Und zuletzt hat die Lotosblume religiöse Bedeutung. Sie ist der Sitz *Buddhas*, den die tibetischen Gebetsmühlen als »Kleinod in der Lotosblume« preisen. Buddhismus bedeutet die Möglichkeit der Erlösung durch Aufgehen der Persönlichkeit ins Nirwana ins Nichts. Dieses Nichts ist ein Erlösungsbegriff, der streng abgegrenzt wird gegen das Nichts des europäischen Nihilismus, den *Yü Guang-Dschung* eine »modische Krebsgeschwulst« nennt.

Als Gegenstück zur Lotosblume wählt er die Narzisse, eine Blume, die ihre Entstehung dem Versuch des Narziß verdankt, sein Spiegelbild im Wasser zu umarmen. Mit seinem Tode verwandelte er sich in eine Narzisse, die an der Stelle blühte, wo er ertrunken war. Die chinesische Literaturgeschichte kennt ein ganz ähnliches Motiv: Der Dichter *Li Tai-Bo*, der im achten Jahrhundert den Mond und den Wein besang, soll ertrunken sein, als er den Reflex des Mondes neben seinem Boot an sein Herz drücken wollte. *Yü Guang-Dschung* bezieht sich darauf im Gedicht *Allerseelen* mit den Worten: »Das Brückengeländer streckt seinen kalten weißen Arm aus / und hindert mich, den Mond aus dem Wasser zu ziehen, / den Todesmond Li Tai-Bos ...« Die Todesursache ist hier allerdings kein törichter Subjektbezug. Für *Yü Guang-Dschung* ist die narzißhafte Selbstbespiegelung ein Symbol des übersteigerten Individualismus im Abendland. Er sieht ihn personifiziert in *Hemingway*, den er ins Chinesische übersetzt hat, und in *Lord Byron*, an dessen Grab er gewesen ist. Den Schönheitskult der englischen Romantik hält der chinesische Dichter für überlebt, es ist für ihn nichts davon übrig geblieben als eine tote Zikade, um die sich Krähen streiten. Der toten Zikade, die keinen Laut mehr von sich geben kann, stellt er das Bild der lebendigen Libelle gegenüber. Das affirmative »Ich bin die Libelle« kehrt im Verlauf der Gedichte mehrfach wieder, so in *Polymorph*, in *Illusion* und dem Gedicht *Im Kerzenschein*, wo »jetzt auch ich verwikkelt bin / ins Netz der Liebe, ins Netz des Staubes, / eine Libelle des Hochsommers«. Das Gedicht *Polymorph* wiederholt die Konfrontation des Titelgedichtes mit den Worten: »Der Westen hat seinen kranken Narziß, / der Osten hat die Lotosblüte«. Dann aber kehrt *Yü Guang-Dschung* den Vorgang der Verwandlung des Narziß in eine Blume einfach um, indem er die Lotosblume die Gestalt eines Mädchens annehmen läßt, für das er Liebe empfindet. Gleichzeitig nimmt er Bezug auf *Edgar Allan Poe*, aus dessen Gedicht *An Helene* die Mittelstrophe – in der deutschen Version von *Theodor Etzel* – als Motto vorangestellt ist, um zu verdeutlichen, weshalb *Yü Guang-Dschung* die Anrede »Edgar« zu Beginn seines Gedichtes wählt. Wie der amerikanische Dichter sich durch seine *Helene* zu den Stränden des klassischen Altertums hingeführt fühlt, so will *Yü Guang-*

Dschung durch die Schönheit seiner Geliebten »nach Osten zurückgeführt« worden sein. »Das hier ist meine Ägäis«, sagt er zum Lotosteich, »hier ist das Meer meiner Liebe.« Der gegen Schluß vorgebrachte Zweifel: »Bin ich der Mensch am Ufer? Bin ich die Libelle über dem Teich?« wird konsequent zurückgeführt auf die Parabel vom Schmetterlingstraum des altchinesischen Philosophen *Dschuang-Dse.* Der Ausflug in die abendländische Mythologie endet so mit der Heimkehr ins Reich der Mitte.

In den *Lotos-Assoziationen* ist die Wiederbegegnung mit der geistigen Heimat Ostasien verknüpft mit der Geschichte der romantischen und hoffnungslosen Liebe zwischen einem Intellektuellen und einem jungen Mädchen. Diesem Thema verdanken die *Lotos-Assoziationen* ihre Popularität in Ostasien. In der chinesischen Literaturgeschichte gibt es, anders als in Europa, nur sehr wenige Liebesgedichte. Die große Liebe, die bis an den Rand der Selbstzerstörung des liebenden Ichs führen kann, ist kein traditioneller Gegenstand der chinesischen Lyrik. Das liegt nicht etwa an einem andersgearteten Gefühlsleben in Asien, sonst könnte die chinesische Filmindustrie in Hongkong nicht so gute Geschäfte mit sentimentalen Liebesgeschichten machen, sondern an einer stillschweigenden Konvention der Literaten, in ihren Gedichten, die in erster Linie der Kommunikation unter gebildeten Männern zu dienen hatten, auf das Thema Liebe zu verzichten. Eine Ausnahme bildeten allenfalls die Liedgedichte im Stil der Tang- und Sung-Zeit, in denen die Einsamkeit einer verlassenen Frau geschildert wurde. Von den Empfindungen der

Männer ist in der chinesischen Literatur dagegen kaum die Rede. Auf diese Lücke zielt *Yü Guang-Dschung* mit seinen Gedichten. »Die Art von Liebe, die ich erforschen und formulieren wollte«, bemerkt er, »ist etwas, das Fleisch und Zeit übersteigt. Ich habe versucht, sie auf das Niveau des Mythos zu erheben.«

Das Liebespaar *Yü Guang-Dschungs* ist zunächst einmal auf einer vordergründigen Realitätsebene hineingestellt in die konkrete Landschaft Nord-Formosas. Der Lotos-Teich, an dem die Liebenden sich immer wieder treffen, liegt im Botanischen Garten der Inselhauptstadt Taipeh. Von seinem Ufer aus kann man das Naturkundemuseum sehen, einen Rundbau im Stil der altchinesischen Architektur, dessen geschwungenes Dach *Yü Guang-Dschung* zu der Metapher inspiriert: »Am Dach des Naturkundemuseums / hängt wie ein Ohrring der Abendstern.« Auf ein ruhiges Wohnviertel von Taipeh, wo auch die Wohnung *Yü Guang-Dschungs* liegt, beziehen sich in *Claire de lune* die Einleitungsverse: »Die schmalen Seitenstraßen sind lang und eng, / wie Strohhalme, den Mondschein aufzusaugen, / den kühlen Mondschein, der nach Pfefferminz schmeckt.« Der Fluß, der in einem großen Bogen um die Stadt herumfließt, heißt Tamsui oder »Seichtwasser«-Fluß. Er windet sich anschließend zwischen hohen Bergen hindurch, bevor er ins Meer mündet. Einer von diesen Bergen ist der nach der buddhistischen Göttin der Barmherzigkeit benannte Guan-Yin oder Kwannon-Berg. Er trägt diesen Namen, weil er Ähnlichkeit mit einer ruhenden Kwannon haben soll. Ein beliebtes

Ausflugsziel in den Bergen südlich von Taipeh ist der »Smaragdsee«, ein langgestreckter Stausee in einem engen Tal, überquert von einer abenteuerlich altmodischen Hängebrücke, die zu einem Vergnügungspark führt. Das Gedicht *Auf dem Smaragdsee* verbindet die Beschreibung einer einsamen Bootsfahrt mit Reminiszenzen an berühmte Bootsreisen aus der chinesischen Literaturgeschichte, angedeutet in den Versen: »Ich ruderte zum Großen See, zum Dung-Ting-See / und hörte die Schreie der Affen in der Tang-Dynastie.« Der Große See – chinesisch Tai Hu – und der Dung-Ting-See gehören zu den drei schönsten Seen Chinas. Ihre Erwähnung führt aus der Szenerie des Smaragdsees hinüber in die klassische Landschaft der alten chinesischen Lyrik. Die Schreie der Affen bilden dabei eine Anspielung auf *Li Tai-Bo,* der in einem bekannten Gedicht behauptet, er sei an einem Tag den Yangdse-Fluß tausend Meilen weit hinab gesegelt und habe zehntausend Berge passiert, während an beiden Uferseiten die Schreie der Affen unaufhörlich erklangen.

Die Landschaft Formosas verwandelt sich so in den Gedichten *Yü Guang-Dschungs* in die uralte Kulturlandschaft Chinas. Wie aber die Landschaft nicht vordergründig konkret bleibt, sondern der poetischen Verwandlung unterworfen ist, so gewinnt auch das Liebespaar Identität mit allen unsterblichen Liebespaaren der Literaturgeschichte, mit *Dante* und *Beatrice* (in *Blicke*), mit Romeo und Julia (in *Claire de lune* und *Im Kerzenschein*) und mit den Liebespaaren der chinesischen Überlieferung, wie jenem Tang-Kaiser (in *Gebieterin*), der seiner Lieblingsfrau in der

Palasthalle »Saal des Langen Lebens« in der Nacht des siebten Tags des siebten Monats ewige Treue gelobte.

An das Ende der Liebesgeschichte in den *Lotos-Assoziationen* hat *Yü Guang-Dschung* nicht die Erfüllung gestellt, sondern den Verzicht. Im Gedicht »Vergessen« ist das schon früh programmatisch ausgesprochen. Dieses Gedicht entstand im Yüan-Tung-Tempel, einem buddhistischen Tempel, der in den Bergen außerhalb von Taipeh liegt. Auf seinem Gelände hat *Yü Guang-Dschung* nach dem Tode seiner Mutter die Urne mit ihrer Asche beisetzen lassen. Dadurch ist der Tempel für ihn so etwas wie ein Stück familiärer Boden geworden. Zugleich aber hat man vom Tempel aus einen weiten Rundblick über das Tamsui-Tal, bis hin zum Kwannon-Berg, den der Dichter während eines langen Heilschlafes durch die Erosionskräfte der Natur verändern lassen will, bis »der Kwannon-Berg drüben / nicht mehr der Göttin gleicht.« Das vorletzte Gedicht, *Rondo*, das formal die »Suche nach dem hellen Stern« des in den zwanziger Jahren populären chinesischen Lyrikers *Hsü Dschi-Mo* variiert, hat die Funktion, die Gestalt der Geliebten zu entzaubern, die zu Beginn der Gedichtfolge als menschgewordene Blume vorgestellt wurde. Diese Personifikation wird wieder rückgängig gemacht, das Mädchen zurückverwandelt in eine Lotosblüte, und die Lotosblume vergeht mit dem Herbst. Was bleibt, sind Fragen, die das Schlußgedicht stellt, ohne sie beantworten zu wollen.

Die *Lotos-Assoziationen* sind nicht auf einen europäischen Leser hin geschrieben, aber sie sind durch die starke Einbeziehung abendländischer Bildungsinhalte in den chinesischen Kulturraum auch für den deutschen Leser ein aufschlußreiches Exempel chinesischer Dichtung von heute. Für die verlegerische Initiative, dieses Buch dem deutschen Leser zugänglich zu machen, ist dem Verleger Horst Erdmann auch an dieser Stelle der Dank des Autors durch seinen Übersetzer auszusprechen.

Andreas Donath

Lotos-Assoziationen

Schon Mitte dreißig,
und immer noch verblendet,
verblendet durch Schönheit.
Ich möchte niederknien
vor diesem Lotos-Teich.

Ich denke an die Liebe,
die lange schon tot ist.
Ich denke an Liebe,
diese erste Hirnverbranntheit,
dieses letzte Spielzeug.

Ich denke an das Abendland.
Aus Schönheitsdurst
starb Narziß. Auf Byrons Grab
streiten sich Krähen
um eine tote Zikade.

Das Kämpfen endet nicht,
weil Hemingway fortging.
Immer noch lieben es Männer,
im roten Feuerschein
ihr Tagebuch zu führen.

Der Nihilismus ist
eine modische Krebsgeschwulst.
Wenn die Dämmerung kommt,
will manche Seele sich
von ihrem Körper trennen.

Doch meine verläßt mich nicht.
Ich möchte hier
mit jeder Lotosblüte
in tausend Welten dringen
und ihr Geheimnis teilen.

Wie nah ist der Osten,
wie fern ist der Osten?
In meinem Herzen ist Buddha,
die Lotosblüten fügen sich
zu seinem Thron.

Voll Ordnung die Blätter,
voll Anmut die Blüten.
Erkennbar wird
die Schönheit in ihnen
und der Geist über ihnen.

Ich bin daneben, ich bin inmitten,
ich bin die Libelle.
Der Wind bringt Staub
und den Geruch von Schießpulver.
Ich muß mir die tränenden Augen reiben.

Am Lotosteich

Von den Bäumen tropfen Regenperlen,
auf meinen Haaren liegt Oktoberfeuchtigkeit.
In der windstillen Luft hängen Spinnennetze
mit vielkarätigem, schwebendem Glanz.

Die Stadtgeräusche bleiben fern von diesem Platz –
Gedächtnisschwund, der Glück bedeutet.
Nur die Spatzen zwitschern, als müßten sie
zur Stille den Takt schlagen.

Was erwacht und wieder in Schlaf versinkt,
sind rote Lotosblüten, ein Teich voll Blütenschönheit –
rote Flammen, die im Träufeln des Oktobernebels
unauslöschbar aus dem Wasser aufsteigen.

Wenn wir uns gegenüberstehen, Mensch und
Lotosblüte,
von Angesicht zu Angesicht,
dann verfalle ich, verfalle ich wieder
einer ungewöhnlichen, uralten Liebe.

Durch die Fächer der Augen blicken wir uns in die
Seele –
wozu noch Hungerstreiks, wozu noch
Selbstverbrennungen?
Getrennt durch die fallende Wimper erkenne ich,
wie fernöstlich ich fühle, wie alt und wie jung.

An jenem Nachmittag

sagtest du, du liebtest Schuleschwänzen,
Kranksein und Chopin.
Den seichten, kalten Mondschein Debussys
hättest du schon durchwatet.

Du sagtest, du seist gerade krank.
Bezaubernde Bakterien!
Du hättest mich gefährden sollen
durch einen unerlaubten Kuß.

Ich sah deine Lippen, ich sah deine Augen,
ich sah den Nachmittag als Ewigkeit,
ich fand in deinen Augen
die Schönheit definiert.

Ich sah Luftschlösser sich spiegeln,
mein und der Wolken Spiegelbild.
Auch ich bin nur
eine vorüberziehende Wolke dieses Sommers.

Ich sah deine langen Wimpern,
verstrickt zu einem Liebesnetz,
ausgelegt in die Träume, ausgeworfen ins Meer
zu einem herzergreifenden Fischzug.

Doch ich blieb am Meeresstrand zurück,
ein Fisch mit gebrochenem Herzen,
ausgeschlossen aus den Träumen,
die Augen voll Tränen, voll Perlen, voll
Seejungfrauen.

Im Regen warten

Ich warte auf dich im Regen,
im Regenbogen bildenden Regen.
Die Zikadenstimmen versinken,
die Frösche kommen heraus.
Die Lotosblüten auf dem Teich
sind rote Kerzenflammen im Regen.

Ob du kommst oder nicht
ist unwichtig geworden.
Ich fühle, daß jede Lotosblüte
dir gleicht, besonders
bei diesem feinen Regen,
wenn Dämmerung uns trennt.

Ewigkeit, Augenblick, Ewigkeit.
Ich warte auf dich,
ich warte innerhalb der Zeit,
ich warte außerhalb der Zeit,
ich warte auf dich
im Augenblick und in der Ewigkeit.

Läg deine Hand in meiner Hand,
dein Duft in meiner Nase,
ich sagte: Geliebte,
mit diesen Händen könntest du
im alten Königsschloß
die Lotosblüten brechen.

Mit diesen Händen solltest du
in einem Magnolienboot
das Zimtholz-Ruder führen.
Am Dach des Naturkunde-Museums
hängt wie ein Ohrring der Abendstern.
Die Armbanduhr sagt sieben.

Da kommst du, du schreitest
durch die Lotosblüten nach dem Regen,
du kommst wie ein Strophe
aus einem Liebeslied
des dreizehnten Jahrhunderts,
es reimt sich: du bist da.

Astrologie

Hab keine Angst, Geliebte:
Das Wachstum deiner Wimpern im April
verbirgt die Jahre, die noch kommen.
Wenn uns die unheilvolle Schönheit ruft,
so folgen ihr zwei einsichtslose Glücksspieler,
obwohl uns eine Ahnung warnt:
Die letzte Karte deckt das Unheil auf.

Die Deutung deiner Augensterne
muß später nicht berichtigt werden.
Was deine kleine Hand ergreift,
ist unabwendbar vorbestimmt.
Wenn auch der Große Bär nicht tanzt
und keine Handlinie sich ändert:
Auf Trauerspiele haben wir kein Recht.

Schon morgen wird unsere Liebe
so unbegrenzt sein wie die Wüste Gobi,
unendlich wie ein Meer, geschmückt
mit Luftschlössern und ihren Spiegelungen.
Unsere Liebe muß keinen Ring tragen.
Die Finsternis neigt sich herab
und räumt dir deinen Schatten aus dem Weg.

Polymorph

Mich trug aus wildem Wogenbrand
Dein hyacinthen Nymphenhaar
Dein klassisch Antlitz heim zum Strand
Zur Macht, die Rom einst war,
Zur Pracht von Griechenland.

Edgar Allan Poe: An Helene

Laß die schwarze Rabenseele
zurück nach Griechenland fliegen, Edgar.
Der Westen hat seinen kranken Narziß,
der Osten hat die Lotosblüte.
Ich komme aus Griechenland zurück,
ich bin in diesem Sommer
zum Lotosteich zurückgekehrt,
Denn du bist in der Lotosblüte.

Deine Augen sind zwei Brennpunkte
der klassischen Schönheit des Ostens.
Worauf du deine schönen Augen richtest,
was deine strahlenden Augen betrachten,
das zieht ihr magischer Glanz an.
Sie haben die Sternbilder versetzt,
die Meere ausgewechselt
und mich nach Osten zurückgeführt.

Eine Libelle kommt geflogen.
Ihr Lotosteich ist meerestief.
Nach dem Ende des Regenschauers
steigt das Quaken der Frösche auf
von den zerstreuten Wasserlinsen.
Das hier ist meine Ägäis,
hier ist das Meer meiner Liebe.
Wie eine Libelle flog ich heim.

Du bist eine schlafende Lotosblüte
inmitten des Wassers.
Ans Ufer geholt,
erwachst du zur Geliebten.
Du bist im Wasser eine Nymphe,
wenn du herauskommst,
erscheinst du mir als Mensch.
Deine Seele ist polymorph.

Vereine alle Lotosblumen
zu einer einzigen Blüte.
Zerreiße die Lotosblüten
zu unzähligen roten Wangen,
dem Wind nah, dem Spiegel nah,
tausendundeine, eine und tausend.
Wenn du jetzt weinst,
sind die Tragödien taubedeckt.

Der Wind springt auf.
Er treibt die vierflügeligen Himmelsboten hoch,
er bauscht dir flügelgleich den Rock,
als wolltest du entfliegen.
Die Blütenblätter wirbeln durcheinander,
ihr Duft durchwogt den ganzen Teich.
Wenn du dich gegen den Wind stellst,
verwandelt das Land sich in Duft.

Laß mich mit dir zusammen fliegen
und Hand in Hand umhertaumeln.
Bin ich der Mensch am Ufer?
Bin ich die Libelle über dem Teich?
War Dschuang-Dse der Schmetterling
oder der Schmetterling Dschuang-Dse?
Die Lotosblätter sind so groß wie Schüsseln.
Ist dieser Sommer für uns Gegenwart?

Vollmond

Unter einem fleckenlosen Vollmond
ruht der Lotosteich.
Die Stimmen der Frösche
betonen die Hitze der Sommernacht
mit ohrgefälligem Geschrei.

Auf der Steinbank am Ufer
stell ich mir vor,
auch du müßtest jetzt ruhn,
die langen Wimpern zugehakt,
um eine Kette Träume festzuhalten.

Im Traum siehst du,
wie du dich auf den Weg begibst
zu unserem Rendezvous,
die Kühle des weißen Steins
mit mir zu teilen.

Du kommst, um dich
in die Libelle zu verwandeln,
die auf der Ecke des Lotosblatts ausruht.
Trink einen Mundvoll Tau,
schöpf eine Handvoll Mondschein,

oder laß mich deine Hüfte halten
und deine schlanke Schönheit spüren,
auf die der König von Tschu
so eifersüchtig war.
Der König? Der König von Tschu?

Die Leuchtkäfer melden,
die Nacht sei tief geworden.
Der Dunst steigt auf vom Teich,
im leeren Nebel verfransen
die Fasern des Mondscheins.

Ich breche mir ein Lotosblatt
und wickle einen Mondstrahl hinein,
um ihn nach Hause mitzunehmen
und zwischen Tang-Gedichten plattzupressen,
so platt wie unterdrückte Sehnsucht.

Der Kwannon-Berg

Die ausgestreckt ruhende Göttin
bildet den Kwannon-Berg
am gegenüberliegenden Ufer.
Ich sah ihn in Wolken,
ich sah ihn im Regen,
getrennt durch die Bucht
des flachen Tamsui-Flusses.

Ich seh ihn immer häufiger
in diesem Sommer,
weil du am Fuß des Berges,
am Ufer drüben wohnst.
Du hast die Landschaft
erst schön gemacht, deinetwegen
sind die Wolken fortgezogen.

Ich stand am Flußufer,
ich stand im Wind und stellte mir vor,
du kämst über die Wellen her,
du kämst über das Schilf geschritten.
Ich stellte mir vor,
ich watete durch den Fluß hinüber,
um auf dem Berge Heilkräuter zu suchen,

um Malven pflücken zu gehen.
Zu pflücken und wem zu schenken?
Du bist mit der Göttin eins,
mit der Barmherzigkeit eins
und mit der Schönheit eins.
Der Tamsui fließt dahin,
ich bleibe im Staub zurück.

Unüberwindliche Distanz!
Du bist vor meinen Augen,
du bist in meinen Träumen,
du schwebst als Göttin in der Luft.
Am erträglichsten ist es,
das gegenüberliegende Ufer zu sehen
und nicht den Berg hinaufzusteigen.

Ich hebe den Blick und sehe den Berg,
ich wende den Kopf und finde das Ufer.
Ich bin der Dichter Li Schang-Yin
und nicht der Staatsmann Tjü Yüan,
der seinen Tod im Wasser suchte.
Ich gehe am Ufer entlang
und ersinne dieses Gedicht.

Verhängnis

Wenn ein Haar stark genug ist,
daran aus dem Fegefeuer zu klettern,
dann könnte man mit dem Band der Liebe
den Mond und alle Wolken festbinden.

In deiner Pupille ruft ein Rebhuhn,
als sänge es ein Klagelied.
Wenn du die dichten Wimpern öffnest,
erreicht die Tragik ihren Höhepunkt.

Ein Tropfen Schmerz, der herabfällt,
ein Tropfen leeres Leuchten –
kann er die Seele erleichtern,
das Meer noch salziger machen, die Sterne bestechen?

Die Träne, die auf die Erde tropft,
verbrennt den Frühling zu Asche
und verwandelt ein Vergißmeinnicht,
das dort wächst, in einen bösen Blumen-Geist.

Deine gekreuzten Wimpern schneiden mir
Botschaften zu,
schicken mir betörende Todesurteile.
Bleiben die Nachrichten aus,
wird der Granatapfel sterbensrot.

Meine Ungeduld, auf einen Brennpunkt gerichtet,
könnte dein Haar in Flammen setzen,
in allen Postämtern Feuer legen
und dein Granatkleid in Brand stecken.

Das wäre die aufwendigste Feuerbestattung,
um dich zu verbrennen,
um mich zu verbrennen
und unseren Brennpunkt einzuäschern.

Blicke

Einander in die Augen blicken heißt,
auf der Suche nach sich selbst sein.
Mein Fenster geht nach Süden, Beatrice,
in die Richtung der Schwalben,
des unlöschbaren Granatapfelfeuers der Sonne,
mein Fenster geht nach Süden
in die Richtung der Canzonetten.

Dein Fenster geht nach Norden, Beatrice,
in die Richtung der Garnisonen,
die Richtung der Fahnen und Falken.
Durch einen Feldstecher beobachtest du mich,
mit einem Fernglas verfolge ich dich.
Wir fixieren einander
aus entgegengesetzten Richtungen.

Die Augen können sich begegnen,
die Seelen sehen von den gegenüberliegenden Ufern
die Feuer wachsen und verlöschen,
den Nebel steigen und sich lösen,
den Regen fallen und vergehen.
Sieh, nach den Niederschlägen kommt
ein Regenbogen der Versöhnung,

der mich zu dir hinüberführt,
der dich zu mir herüberführt,
gebänderte Mittsommernachtsbrücke,
aus der Unendlichkeit herausgeschnitten.
Wirf ein Auge auf mich, Beatrice, als würfest du
die tausendsprossige Himmelsleiter herab,
mich aus dem Fegefeuer heraufzuholen.

Wenn du mir in die Augen blickst,
beginnt die Selbstverbrennung meiner Seele.
Mein Blut wird deinetwegen röter,
mein Haar wird deinetwegen schwärzer.
Beatrice, sieh mich an.
Mein Haar ist deinetwegen weiß geworden,
Beatrice.

Auf dem Smaragdsee

Ruderschläge zerbrechen die grüne Glasur.
Unter Sonnenschirmen verstecken sich Romanzen.
Ich habe meinen Schirm nicht mitgebracht,
meine Romanze blieb am Unterlauf des Flusses.

Wenn der Smaragdsee wieder verglaste,
spiegelte er das Profil meines Schmerzes,
wenn mein heuschreckenleichtes Boot schrumpfte,
zöge mein Schmerz es in die Tiefe.

Halb neun, die Hängebrücke ist noch nicht erwacht.
Die Ferien beginnen, der Sommer ist noch jung;
Studentinnen-Gelächter fliegt über das Wasser,
hin und her schwirrt die Libelle, herbei schwirrst du.

Ließest du dich nieder auf dem Heck,
das kleine Boot verlöre seine Schwere
und die Ruder erinnerten sich der Liebenden,
die einst am Flußufer sich trafen.

Ich ruderte zum Großen See, zum Dung-Ting-See
und hörte die Schreie der Affen in der Tang-Dynastie.
Ich ruderte die Milchstraße hinauf
und sähe dir zu beim Haarewaschen im Mythos.

Und schlüge dabei das Boot um, welch wunderbarer
Unfall!
Du säßest drüben am Ufer und webtest Brokat
ich läge hier am Ufer und bliese die Flöte
von der einen Mittsommernacht zur andern.

Gebieterin

Der Sog des Lotos-Duftes wirbelt mich herum,
bis ich, entrückt aus Raum und Zeit,
nur dich im Herzen halte.
Am Teich sind alle Frösche schon verstummt,
die Sterne stehen tief.

Nur dich im Herzen, vergeß ich
die Hülle meines Körpers auf der Bank.
Leuchtkäfer fliegen in Paaren herbei
wie Hofdamen vergangener Tage,
die aus dem innersten Palasthof kommen.

Bin ich es, der hier sitzt?
Bist du es, neben mir?
Wie lange lieben wir uns schon?
Hat es in diesem Sommer
oder vor zwölf Jahrhunderten begonnen?

Es ist eine alte Geschichte,
mit weißem Haar nicht auszumessen,
unüberwindlich wie der Schwerttorpaß,
so tief und so verschwiegen
wie die Thermalquellen im Sommerschloß.

Es gibt ein Versprechen,
im Saal des Langen Lebens
in eine feine Ohrmuschel geflüstert.
Das war in welchem Jahr?
Gelobt in welcher Sommernacht?

Für dich will ich es tausend Jahre später
noch einmal wiederholen.
Der Phönix ist zweimal gestorben.
Heut abend, welches Glück,
die Ewigkeit in unsrer Hand zu fühlen.

Wenn du jetzt diese Lotosblüte bist, Gebieterin,
so laß mich jene inmitten des Wassers sein.
Wir halten Ausschau nach einander:
Vergessen sind die Kämpfe der vergangenen Zeit,
vergessen ist sogar der Tod.

Nichts Köstlicheres als die leichten Regenschauer
und die Strahlen des Mondscheins.
Die Frösche sind unter die Lotosblätter geschlüpft,
am Blattrand ruhen die Libellen aus.
Der Teich erstarrt in Meditation.

Ich halte dich in meinem Herzen fest,
in der Tang-Dynastie und in der Gegenwart,
Vergangenheit und Augenblick durcheinander-
    gewirbelt
am Ufer des Lotosteichs,
im Angesicht des Naturkunde-Museums.

Im Wirbel von Unterwelt, Erde und Himmel
verlang ich zu wissen, ob du mich wirklich liebst.
Du wirst dich doch erinnern können:
Im Saal des langen Lebens, in jenem Jahr,
das waren da schon du und ich.

Claire de lune

Die schmalen Seitenstraßen sind lang und eng,
wie Strohhalme, den Mondschein aufzusaugen,
den kühlen Mondschein, der nach Pfefferminz
schmeckt.

Die Algen und Wasserlinsen ziehen dich nicht
auf den Boden des Teichs, auf den Grund des Sees:
Du schüttelst sie ab mit leichten Fingern.

Ich trete hervor aus dem Schatten der Bäume,
ich gehe hinaus in den Mond,
hinein in einen Sturzbach von Klaviertönen.

Aus wessen Fingern fließt dies kalte Rieseln?
Wer quält mit zehn Insektenfühlern
die zarte und frühreife Seele des Klaviers?

Was denkt das Mädchen am Klavier?
Was dachte Debussy, der stockende Debussy,
als er das Mondlicht auf der Seine sah?

Was denkt sie, wenn die Fingerspitzen auf die
Tasten fallen?
Denkt sie, daß dies die letzten Sommerferien sind,
und daß der Mond nur einmal im Leben schön ist?

Nur einmal sieht der Mond die Liebenden sich treffen,
dann wird er eingesperrt
in klassische Versmaße,

um in Verona den Balkon zu dekorieren,
den „Sommernachtstraum“ zu erhellen
und die „Unruhe“ des Kanzlers Dschang Djiu-Ling.

Denkt sie daran, in ihrem klematisumrankten Haus?
Sind solche Gedanken im Rinnen
des kalten, rieselnden Rhythmus?

Wo stehe ich? In der Vergangenheit
oder in der Gegenwart? Wer bin ich?
Wer ist es, der dies denkt?

Das nächste Wiedersehen

Wenn ich sterbe, wird dein Name
wie ein letztes Blütenblatt
von meinen Lippen fallen.
Deine Finger sind dann, kühl und fein,
ein Schlüsselbund in meiner Hand,
ein Schlüsselbund für welche Tür?

Deine Hand ergreifen und sterben
ist eine gute Fügung. Du wirst mir sagen,
du liebst mich noch; du wirst mir sagen:
dem Tod des Phönix folgt ein neuer Phönix,
dem Frühlingsende folgt ein neuer Frühling,
und uns wird wenigstens ein Mai gehören.

Deinetwegen zittert noch das weiße Haar.
Durch Sorgen verkürzt, erinnert es sich,
wie an der Stelle, wo du standest,
die roten Lotosblüten welkten
und eine Narzisse aufging, wie du im Wind standst,
mit flatterndem Rock und mit wehendem Haar.

Leg dein Ohr an meine Brust
und hör, was mein Herz spricht.
Es ist ermüdet, es ist vorzeitig gealtert.
Deinetwegen schlug es zu heftig,
deinetwegen schlug es zu rasch.
Die Liebe hatte ihm zuviel aufgebürdet.

Der Faden der Liebe hat zwei Enden,
das eine hier, das andere am Urbeginn der Welt.
Wir sahen uns zuletzt auf dem Saphir-Feld,
davor an den Ufern des Weltmeers,
in den Spiralnebeln der Milchstraße
und jenseits aller Erinnerung.

Wo wird das nächste Wiedersehen sein?
Nenn mir den Ort, ich folge dir.
Glaubst du an Seelenwanderung?
Der Tod breitet die schwarzen Ärmel aus,
ich kann nichts mehr erkennen,
aber ich höre dich. Ich will dir folgen.

Ungewiß

Ist dies das Schweigen nach dem Tode,
ist es das Schweigen vor der Geburt?
Was ich fasse, ist grenzenlos, ist es deine Hand?
Weshalb den ganzen Tag die ungewissen
    Wolkenschatten?
Weshalb vergeht das Licht? Es ist Mitternacht,
auf der Milchstraße stranden die Sterne.

Du hast keinen Namen, heute abend, ich habe
    keinen Namen,
unvorstellbar verfließt in der Ferne die Zeit.
Du bist in meinem Arm, du bist auf meiner
    Netzhaut:
laß die Leuchtkäfer fliegen,
laß die Frösche schreien,
laß die Nacht nach Westen stürzen!

Ein Lichtjahr kann kurz wie ein Zoll sein,
Mythen werden lebendig, mit ausgestreckter Hand
breche ich einen Korb voll Legenden.
Die Götter können milde sein,
heute abend zum Beispiel, die Sterne werfen dir
ein feines Netz über die Stirn.

Die Milchstraße ist wie ein Weg,
der Weg ist eine Milchstraße.
Nach oben und unten führt er ins Ungewisse.
Vorwärts und rückwärts, in beiden Richtungen
ist alles unbestimmt. Ich habe vergessen,
woher wir kommen, wohin wir gehen.

Ich frage deine schönen Augen nach dem Weg.
Auch dort ist alles ungewiß.
Da sage ich leise zu dir:
Hier schon beginnt die Ewigkeit,
der Schlußpunkt hinter allem,
dies ist das Ende aller Richtungen.

Vom Sternbild Leier bis zum Großen Bären
ein seltsames Funkeln, voll von Geheimnis.
Die Mitternacht neigt sich uns zu,
sie senkt eine Leiter aus Wolken herab.
Komm, laß uns Hand in Hand hinaufsteigen
und hinter uns die Zeit zurücklassen.

Illusion

Am Ufer des Lotosteichs sitzend,
seh ich gedankenverloren die Blüten an
und laß die Blätter mich betrachten,
bis jede Lotosblume mich erfreut,
bis ich auch eine Freude für die Blüten bin.
Ich greif mir an die Brust und fühle,
ich habe Herzklappen aus rosa Blütenblättern.

Geliebte, wenn du dich nach dem Tode
in eine Lotosblüte verwandelst
und eine Knospe unter tausend bist,
wie soll ich da wiedererkennen
das rosa Gesicht des früheren Lebens?
Ich kann nur Buddha um die Gnade bitten,
mir vier Flügel und sechs Füße zu verleihen.

Ich will dann übers Wasser huschen
und jede Blüte fragen, wer sie einst war.
Ich stell mir vor, zwischen den Feldern
wächst eine äußerst liebenswerte Blume.
Ich stell mir vor, wie sie errötet,
wenn ich mich bei ihr niederlasse
mit wirbelnden Flügeln und tanzenden Füßen.

Ich will die Wasserperlen abwischen von dieser
Blüte,
wie ich die Tränen der Geliebten trocknete,
als wir den letzten Abschied nahmen.
Das Meer der Sorgen hat ein Ufer,
Buddhas Barmherzigkeit ist grenzenlos.
Für die Libelle ist der Sommer schon die Ewigkeit,
der Lotosteich ist ihre Erde und ihr Himmel.

Die Liebesgeschichten, die auf uns gekommen,
sind alle nur eine einzige Geschichte.
Die Liebe ist eine ausweglose Verstrickung,
im Leben nicht heilbar, im Tod nicht gelockert.
Am tödlichsten ist unsere Verstrickung,
so fest geknüpft, daß nicht einmal
die tausendarmige Kwannon den Knoten löst.

Auf einmal bist du doch erschienen
zum Rendezvous vor dem Naturkundemuseum.
Mich schaudert, daß schon August ist.
Am Himmel stehen die Sterne,
die Menschen sind einander nah.
Nur du bist spät gekommen.
Es ist schade um den Sommer.

Allerseelen

Der Mond ist die Seele der Liebenden und der Toten.
Sein Licht ist aus Eis. Mit grüner Flamme brennen
die ewigen Lampen der Allerseelen-Nacht.
Die Geister erwachen, die Menschen erwachen,
gedankenverloren stehen sie auf der Brücke zum
Totenreich.

Das Brückengeländer streckt seinen kalten weißen
Arm aus
und hindert mich, den Mond aus dem Wasser zu
ziehen,
den Todesmond Li Tai-Bos. Das Mondlicht ist
Illusion,
der Mond auf dem Wasser ist Wahn im Wahn.
Die Lebenden und die Toten sind hilflos zu
Allerseelen.

Die Mittsommernacht ist ein Himmels-Mythos,
der unter die Menschen fiel. Das Herbstmond-Fest
ist Hoffnung, hinaufgeschickt zum Firmament.
Doch Allerseelen gehört zu den gelben Quellen
der Unterwelt, zu einer anderen Dimension.

Wenn du im flatternden Totenkleid auf die Brücke
kämst,
wenn du weintest auf der Brücke ohne Wiederkehr,
wenn du lachtest auf der Brücke der
Mittsommernacht,
wären wir dann die Helden eines Mythos,
oder Figuren einer Gespenstergeschichte?

Zuletzt verschlingt die Finsternis das weiche Licht.
Wirbelnde Wolken ziehen vorüber wie
Weihrauchschwaden,
die sich um Buddhas grüne Lampen kräuseln.
Irrlichter unter der Brücke, Irrlichter auf der Brücke,
auch meine Augen, fürchte ich, sind Irrlichter.

Der Mond ist ein Unhold, der die Träume stiehlt.
Mußt du mich verlassen, heute nacht?
Am jenseitigen Ufer drängen sich die Seelen,
hier drängen sie sich, wandernde Geister auf dem
Rückweg.
Unter der Brücke strömt das Wasser, auf der
Brücke Tränen.

Vergessen

Mein schlenkernder Arm zerschneidet
die gewölbte Landschaft, so grün vom Sommer.
Den Sommer noch zu Füßen, den Herbst am
Ellenbogen.
Das Rauschen des Windes rieselt mir durchs Haar.
Im Duft der Reisfelder schreite ich durch die Zikaden,
trete ich ein in die Meditation.

Ist Vergessen ein Durchsichtigwerden der Seele?
Im Blut kein unterseeisches Beben mehr,
im Herzen kein Erdrutsch mehr wegen dir,
im Herzen nichts von dir, im Blut kein du.
Entflogen dem Netz der Liebe, dem Netz des Staubes
kam ich hierher.

Kann es tausend Fuß über dem Meeresspiegel
noch Tragödien geben? Meine Torheit
gleitet mir durch die Spitzen der Haare wie der Wind.
Glockenschläge steigen wie Wolken
aus der Leere auf und vergehen im Leeren,
Glockenklänge wie Wolken.

Wie groß ist Buddha! Die Berge tragen ein Kloster,
über dem Kloster ragt eine Pagode
von Wolken umspielt in die Luft.
Die Wolken kommen, die Wolken gehen.
Erhaben steht die Pagode, stehen die Berge
unter dem Thron Buddhas, auf Buddhas Handfläche.

Auch ich bin müde, Liebste, müde der Liebe.
Müde wie die Wolken, will ich ruhen wie sie.
Ich will auf Buddhas Handteller liegen,
über den großen Taifunen,
über den Erdbeben, über den Kriegen,
ruhen wie die Wolken über der Zeit.

Schlafen seit Buddhas sechsundzwanzig
Jahrhunderten,
schlafen bis der Kwannon-Berg drüben
nicht mehr der Göttin gleicht,
bis die Göttin gealtert, die Liebste alt ist,
bis dieser dumpfe Schlaf
die kleine Torheit gelöst hat.

Der Sechs-Ecken-Pavillon

Die strenge Schönheit dieses Pavillons
hat mich hier festgehalten.
Mit seinen roten Säulen stützt er mich,
sein gelbes Dach beschirmt mich,
von allen sechs Seiten öffnet
die Landschaft sich dem Blick.

Der Herbst beginnt mit glattrasierten Schläfen.
Das Meer ist dunkelblau geworden,
ein Blau, mit dem man Verse schreiben kann.
Der appetitanregende salzige Meerwind
bläst stoßweise deinen Namen ins Gras.

Dein Name hat zwei Silben,
sie fallen klirrend auf die Erde.
Der Pavillon steht aufrecht da,
dem krummen Bergpfad gegenüber,
der sich um ein Versprechen windet,
nicht eingelöst durch deine Schritte.

Die Wolken warteten ohne Geduld
und haben sich alle zerstreut,
obwohl dein buntes Kleid
noch schöner wäre als der Pfau,
der mich mit hundert Augen anstarrt.

Festhalten

Ich greife nach der Spitze deiner Seele,
sie hat fünf zierliche Finger.
Wenn Hände sprechen könnten,
Handfläche zu Handfläche,
ich flüsterte ihr zu:
Dein Herz ist ein Palast aus Bergkristall,
in dem die Liebe lebt.
So spräche ich, wenn Hände,
wenn unsere verzweigten Hände reden könnten.

Ich greife nach dem Augenblick
und fasse Ewigkeit.
Wie lange währt die Ewigkeit?
Wie oft noch wächst der graue Bart
des alten Menschenvaters um das Weltall?
Heut abend weiß ich nur,
wie kurz die Ewigkeit ist,
wie sanft sie sich
in meiner Hand zusammenrollt.

Laß den Sommer verströmen,
laß Jahrhundert auf Jahrhundert verfließen,
klirrend rinnen sie uns durch die Finger.
Heut abend fliegen unsere Seelen auf,
die Schwingen ineinandergetaucht,
wenn unsere Finger sich
zu Doppelstern-Blüten verschlingen.
Die Lotosblumen schlafen, die Sterne erwachen,
nur wir sind zwischen Wachen und Schlaf.

Noch immer halte ich deine Hand,
halte ich einen erschrockenen kleinen Vogel,
nicht zu fest – er könnte ersticken,
nicht zu lose – er könnte die Flügel recken und
entfliegen,
auf meiner Handfläche zurücklassend
die Fingerstellung der Enttäuschung.
Das Blut in einer Hand wird, fürchte ich,
die große Kälte nicht erwärmen,
die den Himmel und die Erde füllt.

Wenn die Engel durch Massenmord fielen,
wenn Meteore unaufhörlich herabregneten,
gäbe es Menschen, die weinten?
Wenn die neun festverschlossenen Himmelstore
von doppelten Schlägen hallten,
gäbe es Götter, die aufmachten?
Gibt es jemand,
der über die Wirbelstürme herrscht
und über die Horoskope?

Gibt es jemand, der die Konstellationen des Himmels
oder die Linien der Hand korrigiert?
Der zwar die Konstellationen nicht ändert,
aber die Handlinien neu schreibt?
Heut abend bist du in meiner Hand, ich bin in
deiner Hand.
Laß die Flüsse nach Norden strömen,
laß die Milchstraße nach Westen stürzen,
ergreife die Ewigkeit im Augenblick,
mach diesen Augenblick zur Ewigkeit.

Abschied

Du hattest dein Granatapfelkleid
so prächtig, wie der Pfau sein Rad schlägt,
auf der blühenden Wiese ausgebreitet.
Du hattest mich auf deinem Rocksaum
den Traum der Mittagsstunde flechten lassen.
Du warst das Kopfkissen für meine Zukunftspläne,
ein Kissen für die Verspieltheit der Liebenden.
Das war in welchem Jahr? In welcher Blütenzeit?

Die Schönheit unter dem Sonnenschirm
hat mich verwirrt. Die weichen Wimpern zuckten
und Blicke fielen mir zu. Die Augen ruhten
auf meinem erwartungsvollen Gesicht.
Sollte ich Shakespeares Sonette zitieren,
oder ein Liebeslied der Tang-Zeit?
Das war in welchem Jahr, in welcher Blütenzeit,
als ich auf welcher Frühlingswiese lag?

Der Regen sprüht herab auf uns.
Du hältst jetzt einen Regenschirm,
ich trage einen Regenmantel.
Wie kalt liegt deine Hand in meiner Manteltasche!
Wird es im nächsten Jahr genauso regnen?
Hat es vergangnes Jahr um diese Zeit geregnet?
Wem sind im letzten Jahr die Wimpern feucht
    geworden?
Wer wird im nächsten Jahr dein Liebster sein?

Du sagst: Wie man sich bindet, so löst man sich
wieder.
Doch die Gebundenen sind wir, der Bindende ist
Gott.
Das Band der Liebe hat zwei Enden – das eine hier,
das andere ging in der Ewigkeit verloren.
Obwohl der Abschied scharf wie ein Schwert ist,
vermag er dieses Band zu trennen?
Die Fasern der Liebe sind sehr fein,
doch nicht zu schwach gesponnen.

Der Sommer ging mit den Taifunen,
der Herbst hat Regen mitgebracht.
Schneeweiß ragt die Enttäuschung auf,
Enttäuschung wie ein Berg,
den auch ein Narr mit tausend Händen nicht
versetzt.
Die Unterwelt läßt ihre Quellen fließen,
der rote Staub wird aufgewirbelt.
Der Himmel über allem bleibt hoch und unbewegt.

Ergreife eine Handvoll Asche:
In jedem Körnchen steckt unsere Aussichtslosigkeit.
In jeder Träne schwebt dein Profil.
Der Nebel steigt, wir gehn ins Ungewisse.
Die Sehnsucht reicht ein Lichtjahr weit.
Wenn du den Kopf drehst, erblickst du
das Meer der Dürre mit seinen Fossilien,
die weißen Schwaden giftiger Miasmen.

Der Ausgang jeder Liebe ist Abschied.
Mit jedem Kennenlernen beginnt schon die Trennung.
Die Wolken öffnen sich nur einmal für die Sonne,
der Regenbogen überspannt nur eine Dämmerung,
die Lotosblüte ist nur einen Sommer rot.
Sobald der Sommer stirbt,
verfallen alle Lotosblumen,
erleiden sie deinetwegen den Liebestod.

Der Sommer steht an der Schwelle des Todes.
Dies ist das letzte Mal, Geliebte,
dies ist der letzte Regenschauer,
der kalt auf deinen Schirm klopft.
An welchem Fenster stehst du morgen früh?
An welchem winderfüllten Fenster kämmst du dir
mit deinen kleinen kühlen Händen
die schwarzen Sorgen aus der Stirn?

Warten

Sprächest du am frühen Morgen
das schönste Zeitwort aus,
und müßte ich am Abend sterben –
was hätte ich zu fürchten?
Meine Liebe muß kühl und klar sein,
kann sie nicht fröhlich sein.

Deine Schönheit hat mich getroffen.
Ich streckte den Arm aus in diesem Sommer,
und Wunder stiegen herab
auf meine geöffnete Hand,
du stiegst herab, in meine Hand,
in die Hand der Lotosblüte.

Riefe ich deinen Kosenamen
vor einem Teich voll klaren Duftes,
voll ruhig brennender Seelen,
im Spätsommer, beispielsweise,
in der Abenddämmerung –
welche der Blüten könnte mir antworten?

Es genügt mir im Teich,
es genügt mir im Sommer
der rote Glanz eines Blütenblatts.
Was brauche ich dein Gesicht?
Die Lotosblüte ist dein Kosename,
wenn ich den Lotos sehe, seh ich dich.

Es genügt mir im Herzen,
es genügt mir im Traum
der klare Duft eines Blütenblatts.
Auch wenn der Sommer schon verdorrt ist,
der Himmel voll von ausgebrannten Sternen –
unsterblich bleibt die Lotos-Seele.

Ich werde immer darauf warten,
daß du das schönste Zeitwort sagst.
Wer geliebt hat, findet kein Vergessen,
wer verletzt ist, behält seine Wunden.
Meine Narben sind erschreckend rot,
ein Brandmal in Form einer Lotosblüte.

Zum siebten Mal

Die letzten Sommerferien sind bereits
entrückter als die Han-Dynastie.
Zum siebten Mal betreten wir die Ewigkeit.
Der Mond ist voll von dir, heut nacht,
ich frage mich, aus welcher Dynastie
kehrst du hierher zurück,
die Jungfrau aus welcher Legende?

Laß mein Auge voll sein von dir,
laß mein Ohr voll sein von dir,
laß meine Hände angefüllt sein mit dir.
Deine kleinen kühlen Hände sind verschlossen,
als trügen sie noch die Kälte des Flusses,
an dem wir uns trennten, Geliebte,
vor einigen Tagen – oder vor siebzehn
Jahrhunderten?

Greift eine Hand allein nur Hoffnungslosigkeit,
so fassen zwei die Ewigkeit.
Sie kommt, wenn du sie rufst,
sie geht auf einen Wink von dir.
Der Mond steht über Südchina, über der Wüste Gobi,
der Mond scheint auf den Grund des Bechers
Li Tai-Bos.
Die Gegenwart erglänzt im Mondlicht der
Vergangenheit.

Erwachen

Im Herbst wird deine Hand
noch auffälliger blaß und schmal,
wie ein letzte Lotosblüte,
die auch mit tausend Fingern nicht
den Sommer halten könnte.
Die Schatten deiner Wimpern werden
bei Sonnenuntergang noch dichter,
ein tiefes, tränenloses Dunkel.

Verabredungen werden nicht getroffen.
Wir sehen uns immer seltener.
Du kannst am Abend, wenn der Wind sich regt,
die Fenster schließen und die Wimpern
niederschlagen,
doch die Erinnerung ist nicht verschließbar.
Die Sterne trüben sich, die Träume leuchten hell.
Laß deine Seele wach sein,
wenn in der Nacht der Wind kommt.

Der Sommer ist die Hochsaison der Liebe.
Wieviele Meilen durchschwammst du im Mondlicht?
Der Herbst bringt den Wind mit,
den Wind, der die Sehnsucht trockenbläst.
Sie fliegt in den Himmel hinauf,
sie breitet sich aus wie die Wolken.
So leicht wie die Wolken, so leicht wie du
senkt sich die Sehnsucht wieder herab.

Hier ist ein Neudruck des bärtigen Shakespeare.
Im Wintersemester nehmen wir
den Sommernachtstraum nicht durch.
Dies ist der Prinz von Dänemark.
Er fragt sich immer noch: To be or not to be?
Weshalb nicht: Bist du einsam oder nicht?
Laß mich zu deinen Vorlesungen mitgehen
und dich nach Hause begleiten.

Auf dem Heimweg hören wir die Bäume
über die Windrichtung streiten.
Der Weg streckt seinen langen Arm aus,
einen mageren Arm, der in die Ferne weist.
Wenn Sirius, der Himmels-Wolf,
in den Wind hinein heult,
dann flammen am Himmel die Kerzen auf.
Hier unten bläst du eine Kerze aus und fragst:

Weshalb sind Stern-Deutungen trügerisch?
Deine Augen trennen Lichtjahre von meinen Augen.
Weshalb ist jeder Brief im Herbst
so etwas wie ein Testament?
Die Herbstnächte sind Widerspiegelungen
des Schweigens der Unendlichkeit.
Wer wach ist, der träumt viel,
wer träumt, der ist oft wach.

Das Blut der Liebenden

Das Blut der Liebenden hat ein besonderes Rot,
ein Rot, das Island in Rosen verwandelt.
Die Augen der Liebenden sind Spiegel der Liebenden,
Augen, die von langem Warten blau geworden
und salzig von Tränen, salziger als das Tote Meer.

Blind und empfindlich wie Fledermäuse,
sind alle Liebenden unheilbare Schlafwandler.
Die Welt der Liebenden ist die Welt
des Wahnsinns, die Welt der Dämonen,
vollbeschäftigt, unbeschäftigt.

Die Zeit der Liebenden
ist ein Fragment der Ewigkeit.
Ihre Gedanken sind ultraviolette Strahlen,
sengend heiß, doch unsichtbar.
Das Herz der Liebenden, stolz und erbärmlich,

kann Kirchturmspitzen versetzen,
doch duldet es keinen Unglauben.
Die Liebenden halten das Unvergängliche
zwischen den Fingern, sie tragen
den Strahlenkranz der Liebe im Haar.

Die Liebenden sind voll Skepsis. Sie zweifeln
einer am anderen, sie zweifeln
am Licht der Sonne, am Salz des Meeres,
am Funken des Feuersteins,
sie zweifeln an den heiligen Reliquien.

Nur von der Liebe glauben sie, abergläubisch,
daß Liebe tiefer sei als das Grab
und heftiger als ein tätiger Vulkan.
Das Magnetfeld der Liebe erstreckt sich
bis an die Grenze des Jüngsten Tags.

Die Wimpern der Liebenden schließen sich niemals,
weder im Traum, noch zwischen den Zähnen des
Todes,
außer beim Küssen, wenn ihre Lippen
auf dieser kürzesten Verbindung von Seele zu Seele
einander Feuerzeichen einbrennen,

außer in diesem Augenblick, diesem kleinen
Modell der Ewigkeit, schließen die Wimpern
der Liebenden, schließen deine Wimpern sich nie.
Das Blut der Liebenden hat ein besonderes Rot,
ein Rot, das dich und mich entzündet und verzehrt.

Ferne

Du bist die letzte vom Sommer
zurückgelassene Lotosblume.
Du welkst an meiner Seite,
auch wenn der Wind nicht weht,
so hilflos zart und schlank.

Sieh, der rote Staub hat sich gesetzt,
und uns zu Füßen steigt
der kalte weiße Nebel auf.
Unwiderruflich ist Herbst,
und unser Sommer ist tot.

Die Lotosblüten sind entschlafen,
alle bis auf dich.
Am Himmel oben gibt es nur
die unsterblichen Mythen,
hier unten dich und mich, sonst nichts.

Das einzig Faßbare
ist deine Hand, ist meine Hand,
mit feinem Schweiß bedeckt
und brennend heiß.
Sonst ist alles ungewiß.

Hinter uns die Geschichte,
vor uns Versprechungen,
über uns das Schicksal.
Laß Handfläche Handfläche küssen,
wie trostlos ist das Weltall!

Wie weit entfernt sind die Mythen.
Heb dein Gesicht zu mir auf:
Nur die Liebe verlöscht nicht,
nur die Sternbilder erlöschen nicht,
nur deine Augen strahlen unauslöschlich.

Hundert Jahre haben
sechsunddreißigtausend Tage.
Doch unvergänglich
ist nur ein einziger,
der heutige Abend.

Verwickelt ins Spinnengewebe des Nebels
bewegen sich funkelnd
der Große Bär, der Himmels-Wolf:
Alles Strahlende will sich
vom Netz befreien.

Hörst du im Weltraum
ein Raunen, das sagt,
wir hätten schon einmal geliebt?
Es ist eine Neuigkeit für die Erde,
am Himmel eine uralte Legende.

Es heißt, wir liebten uns bereits
im We-Palast, in der Han-Dynastie,
auf der Phönix-Terrasse, auf den Yangdse-Klippen,
in immer weiter zurückliegenden Zeiten,
bevor der Weltschöpfer wachte und schlief.

Der Nebel wird dichter, die Sterne verblassen.
Die Schatten deiner Wimpern wachsen zu.
Der Herbst wird tief, die Nacht wird tief,
am tiefsten der Schlaf
der Lotosblume auf meinem Arm.

Im Kerzenschein

Ich sehe dich im schwachen roten Kerzenlicht.
Nimm diese Augenblicke und reihe sie auf
zu Erinnerungen für spätere Tage.
Die Nacht erhebt uns zu den Sternen,
zu den Masken der Götter.
Die Stadtgeräusche unter uns verebben,
die Gegenwart ist tot.

Die Grenze zwischen Moderne und Klassik
ist noch unbestimmt. Hier bleibt eine Leere.
Vor dem Fenster funkelt Fatalismus.
Horch, wie still ist die Schwermut,
die Stille wie schwer!
Die Kerze kennt kein Morgen,
sie hat nur das Jetzt.

Auch wir haben nichts als das Jetzt.
Der rote Dunst des Kerzenlichtes
schiebt die Zeit
nach vier Seiten auseinander.
Unsere Liebe im Nebel,
dein Gesicht, eine geöffnete Lotosblüte,
schwimmt im Kerzenschimmer.

In diesem Augenblick schon ist Herbst.
Melonen reifen in Träumen.
Am Himmel wachen noch
die hustenden Engel,
unter den Menschen wachen nur wir.
Die langen Schatten deiner Wimpern
verbergen nicht die Schönheit deiner Augen.

Eine niedergebrannte Kerze weint
seit elfhundert Jahren,
von der Tang-Zeit bis in die Gegenwart,
wegen der Liebe des Dichters Du Mu,
weil jetzt auch ich verwickelt bin
ins Netz der Liebe, ins Netz des Staubes,
eine Libelle des Hochsommers.

Sieh, wie die Kerze zu Asche verbrennt.
Auch wir werden in Staub zerfallen.
An unser Zusammensein heut nacht
wird sich niemand erinnern,
außer den Lichtjahre entfernten Wächtern
jenseits der Fensterscheibe,
außer dem Kerzenhalter hier.

Muß Liebe den Ring tragen?
Kann ein tropfender Kerzenstumpf
die verschlossenen Jahrhunderte erhellen?
Ein einsichtsloses Liebespaar
liebte sich in Italien,
auf den Wellen des Lo, am Hua-Berg,
hier und zu jeder Zeit.

Aufsteigen

Dunkle Schatten zögern,
schemenhaft, schweigsam,
ohne zu steigen, ohne zu sinken,
in der Nacht der Facetten-Augen.
Was immer währt, ist unten
der Tiefschlaf der Welt,
ist oben die nüchterne Klarheit.
Unten der Herbst, oben die Ewigkeit.

Im Widerschein des blauen Lichts
erstrahlt die verödete Stadt
in ihrem schönsten Glanz.
Wir sind in diesem kalten Schein
zwei prähistorische Pflanzen,
die Finger eng verschlungen
zu in Jahrtausenden
nicht lösbaren wilden Ranken.

Die Luft ist voll Wind,
im Wind verschwommener Glockenton,
von nirgendher kommend, nirgendhin gehend,
ohne Anfang, ohne Ende.
Im Rückenwind strömen die Glockenschläge heran,
wie eine Flutwelle fern aus dem Meer wächst,
wie Erinnerung aufsteigt.
Die Glocken verebben in Stille.

Wenn meine Seele
hineinstürzt in deine Seele,
wird die Erinnerung tiefer?
Wenn dein Blut
überströmt in mein Blut,
wird es die Kälte zerschmelzen?
Kann es den Phönix in Flammen setzen?
Den Lotos zu Asche verbrennen?

Da die Glocken nicht aufhören,
laß uns hier stehen,
in immer kälterem Wind,
in immer tieferer Nacht,
bis das uralte Chaos uns einholt,
bis der Anstoß
eines noch gasförmigen Metalls
uns anhebt und auffliegen läßt,

über das Bodenlose hinweg,
von Abgrund zu Abgrund,
hinauf zu den Göttern,
zu ihrem unbegreiflichen,
doch wunderbaren Schöpfungsplan,
bis wir erkennen, daß wir
zwei wiedergeborene Meteoriten sind,
die ins Zentrum der Ewigkeit fliegen.

Laß uns aufsteigen
zu den abstrakten Grundrissen
des schwebenden Uranfangs,
deine Seele
und meine Seele.

Rondo

Das Tröpfeln der Klaviermusik
füllt diesen kühlen Nachmittag nicht aus.
Im Regen schwimme ich zu dir,
ein tödlich getroffener Schwimmer,
die Haare strähnig aufgelöst.
So schwimme ich zu dir.

Wenn die Musik verklingt, hält mich
der Schmerz noch wie mit Lotos-Fasern fest.
Du stehst im Regen, im Nebel,
du wirfst dein Spiegelbild voraus,
Reflex der weißen Lotosblüte
inmitten des Wassers.

Inmitten des Wassers
bin ich der verwundete Schwimmer,
der eine Lotosblüte sucht,
das Spiegelbild der Lotosblüte,
das einen ganzen Sommer sichtbar war,
das immer noch im Teich ist.

Noch schaukeln, noch wiegen
die Wasserpflanzen sich auf den Wellen.
Noch träum ich, den Lotos zu brechen,
die schönste der Blüten,
die immer entferntere, unerreichbare,
denn diese Blüte bist du.

Du bist die Lotosblüte,
die mitten im Regen steht,
die mitten im Nebel steht,
so nah noch, so fern schon,
du breitest den Glanz des Sommers aus,
und ich ertrinke.

Wenn ich ertrinke,
vergeß ich, wer ich bin.
Ein Wassergeist, vergeß ich dich,
die Nymphe des Teichs.
Der Herbst ist da.
Die Lotosblumen sind alle verblüht.

Wahn

Ich bin eine verlorene Traumspur des Sommers,
hier zurückgelassen, als die Nebelzeit kam
mit ihrer weißen Verschwommenheit,
ohne Bewußtsein, ohne Empfindung,
ein Netz aus giftigen Miasmen.
Ausgesperrt im Hungerstreik der Seele
verharr ich im Zentrum des Wahns.

Die zehntausend Wesen sind alle im Nichts.
Ich sitze auf dem Stein der Urmutter.
Ich wähne, mit einem Regenbogen
den eingestürzten Himmel wieder abzustützen
und alle Meere zuzudecken. Ich wähne,
mit der Glut entflammter Herzen
das Chaos des Eigensinns zu läutern.

Mit Himmelsrissen, Meeresbeben und Meteorregen
sind schon zehntausend Sommer gestorben.
Die Nebelzeit senkt sich herab,
um über alles Mißlungene
den Schleier der Barmherzigkeit zu ziehen,
der, wenn er dünn, wie ein Schlaf,
wenn er dicht, wie der Tod ist.

Der letzte Sommer ist schon tot.
Der Mondschein des vergangenen Sommers
ist auf der Erde zu Sauermilch geronnen,
ist eingegangen in den Südwind des Sommers,
in die Lotoskapseln unter dem Mond,
in das Geheimnis ihrer Gehäuse,
die eingetaucht sind in die geronnene Milch.

Wenn alle Lotosblumen gestorben sind,
wo hat dann Buddha seinen Thron?
Wo sitzt die Barmherzigkeit?
Wo lasse ich mich nieder?
Ich will ans jenseitige Ufer,
doch setzt kein Lotosblatt mich über.
Wer trägt mich durch das Ungewisse?

Die Lotosblume wächst, die Lotosblüte stirbt,
die Pflanze versinkt im Wasser.
Geblieben ist nur der Blütenduft,
der aus den kalten Wellen aufsteigt,
so zart wie die Seele des Lotos.
Die große Kälte, die hier herrscht,
für wen ist sie bestimmt?

Du wirst nach deinem Tode
als Wasserlilie wieder auferstehen.
Und ich, nach meinem Tode werde ich
ein eishäutiger Flußgeist sein.
Wenn ich dann wirbelnd durch das Wasser ziehe,
wenn du dann auf dem Ufer stehst,
erinnerst du dich noch des letzten Sommers?